1. Nachtrag

zur Handausgabe der

Reichsabgabenordnung

von

Dr. A. Nieberl.

(Guttentagsche Sammlung
Deutscher Reichsgesetze Nr. 143.)

(Stand vom 1. April 1924.)

Berlin und Leipzig 1924.
Walter de Gruyter & Co.
vormals G. J. Göschen'sche Verlagshandlung — J. Guttentag, Verlagsbuchhandlung — Georg Reimer — Karl J. Trübner — Veit & Comp.

Inhalt des Nachtrags.

Seite
Vorbemerkung 5
1. Änderungen der Reichsabgabenordnung, die seit deren Erscheinen eingetreten sind 5
2. Ergänzungsbestimmungen zu einzelnen Vorschriften der Reichsabgabenordnung 15
3. Abrundungsverordnung 45
4. Kleinbetragsverordnung 49
5. Art. VII. der dritten Steuernotverordnung 51
6. Steuerzinsverordnung 58

Abkürzungen.

AufwV. = Aufwertungsverordnung v. 11. 9. 23, RGBl. I S. 939.

GeldentwGes. = Geldentwertungsgesetz v. 20. 3. 23, RGBl. I S. 198.

SteuerzinsGes. = Steuerzinsgesetz v. 11. 8. 23, RGBl. I S. 774.

2. StNV. = 2. Steuernotverordnung v. 19. 12. 23, RGBl. I S. 1205.

3. StNV. = 3. Steuernotverordnung v. 14. 2. 24, RGBl. I S. 74.

Vorbemerkung.

Die 3. StNV. enthält in Art. VII eine Anzahl von Bestimmungen zur Vereinfachung der Steuerrechtspflege (insbesondere Mitwirkung der Ausschüsse, Rechtsmittelverfahren, Kosten), die nach dem Schlußparagraphen des genannten Artikels nur vorläufige Bedeutung haben und zu einem vom Reichsfinanzminister zu bestimmenden Zeitpunkte wieder außer Kraft treten. Es ist daher davon Abstand genommen, diese Bestimmungen in den nachstehend unter 1 enthaltenen Änderungen der AO. zu berücksichtigen, die hier einschlägigen Bestimmungen des Art. VII der 3. StNV. sind vielmehr ihrem ganzen Wortlaut nach unter Nr. 5 des Nachtrags (unten S. 51) gesondert zum Abdruck gelangt.

---

1. Änderungen der Reichsabgabenordnung, die seit deren Erscheinen eingetreten sind.

§ 11.

In Abs. 2 muß es statt „1921" nunmehr heißen „1926" (Ändg. dch. RG. v. 7. Januar 1923, RGBl. I S. 55).

§ 23a.

(Neu durch § 43 der 3. StNV., in Kraft ab 15. März 1924.)

„(1) Bei den Steuern vom Einkommen und vom Vermögen (ausschließlich der Erbschaftssteuer) und bei der Umsatzsteuer soll das Finanzamt vor der Veranlagung die für den Steuerpflichtigen zuständige Gemeindebehörde hören. Der Vorsteher der Gemeindebehörde, sein Vertreter oder ein durch schriftlichen Auftrag der Gemeindebehörde ausgewiesener Beauftragter ist berechtigt, mit beratender Stimme an den Sitzungen des Steuerausschusses (§ 25) teilzunehmen, solange in den Sitzungen über die Veranlagung von Steuerpflichtigen, die in der Gemeinde ihren Wohnsitz, ihren ständigen Aufenthalt, ihren Sitz oder eine Niederlassung haben, beraten oder beschlossen wird.

(2) Die Vorschriften des § 10 Abs. 1, 3, 4 und des § 376 gelten auch für die Personen, die namens der Gemeinden im Besteuerungsverfahren mitwirken oder als Beamte, Angestellte oder Beauftragte von Gemeinden oder als Inhaber von Ehrenämtern Kenntnis über Verhältnisse, Geschäfts- oder Betriebsgeheimnisse eines Steuerpflichtigen erhalten."

§ 76.

Abs. 3 hat durch § 14 der Aufwertungsverordnung folgenden Wortlaut erhalten:

„Einspruchsentscheidungen können unter den gleichen Voraussetzungen wie Steuerbescheide der im Abs. 1 Nr. 2 bezeichneten Art zurückgenommen oder geändert werden. Andere Rechtsmittelentscheidungen können nicht zurückgenommen oder geändert werden."

§ 132.

Die Worte „dreihundert Mark" und „zehn Mark" sind ersetzt durch die Worte „einhundert Goldmark" bzw. „einer Goldmark" (Art. XVI 2. StNV.).

§ 164.

Die Worte „zehntausend Mark“ sind ersetzt durch die Worte „zweitausend Goldmark“ (Art. XVI 2. StNV.).

§ 189.

Gestrichen (Art. VII Geldentwert.Ges.).

§ 199.

Die Worte „fünfhundert Mark“ sind ersetzt durch die Worte „einhundertfünfzig Goldmark“ (Art. XVI 2. StNV.).

§ 202.

Es sind ersetzt:

in Abs. 1 die Worte „bei Ermittlung von Steueransprüchen oder Durchführung der Steueraufsicht“ durch die Worte:

„im Besteuerungsverfahren (einschließlich der Vorbereitung, Sicherung und Nachprüfung der Besteuerung)“;

(§ 56 Nr. 11 der 3. StNV.)

in Abs. 2 S. 1 die Worte „fünfhundert Mark“ durch die Worte: „fünftausend Goldmark“;

Abs. 2 S. 4 durch den Satz:

„Innerhalb dieses Rahmens ist die Dauer der Haft nach freiem Ermessen zu bestimmen.“ (Art. XVI der 2. StNV.).

§ 203.

Das Wort „Mark“ ist ersetzt durch das Wort „Goldmark“ (Art. XVI 2. StNV.).

§ 209.

Abs. 2 gestrichen (Art. VII Geldentw.Ges.).

§§ 211, 242, 262.

Den §§ 211 Abs. 3, 242 Abs. 2 und 262 ist durch § 14 der Aufwertungsverordnung jeweils folgender Satz 2 hinzugefügt worden:

„Der Reichsminister der Finanzen kann statt der Zustellung eine einfachere Form der Bekanntgabe zulassen."

(Noch kein Gebrauch gemacht.)

§ 212.

Abs. 3 findet auf die Umsatzsteuer keine Anwendung (Art. 3 Ges. v. 8. April 1922).

§ 215.

§ 215 lautet nunmehr (§ 14 AufwV.):

„Der Reichsminister der Finanzen kann anordnen, daß die Festsetzung, die Erstattung und die Vergütung von Steuern und anderen steuerlichen Geldleistungen unterbleiben, wenn der Betrag, der festzusetzen, zu erstatten oder zu vergüten ist, eine gewisse Grenze voraussichtlich nicht übersteigt [1]."

§ 245.

Hinzugefügt ist durch Art. VI der 3. StNV. folgender Abs. 2 (in Kraft ab 15. März 1924):

„(2) Die Gemeindebehörde des Ortes, an dem der Steuerpflichtige seinen Wohnsitz, seinen ständigen Aufenthalt, seinen Sitz oder eine Niederlassung hat, kann beantragen, daß der Vorsteher des Finanzamts

[1] Noch nicht Gebrauch gemacht. Vorläufig gilt noch die Kleinbetragsverordnung (s. S. 49).

zur Herbeiführung einer höheren Veranlagung Berufung einlegt; dabei sind die Gründe anzugeben, aus denen die Gemeindebehörde die Veranlagung für zu niedrig hält. Lehnt der Vorsteher des Finanzamts den Antrag ab, so hat er seine Gründe der Gemeindebehörde mitzuteilen."

§ 251.

Abs. 2 S. 1, 2 haben durch § 54 der 3. StNV. folgende Fassung erhalten:

„Ein ehrenamtliches Mitglied des Gerichts kann mit der schriftlichen Begutachtung befaßt werden. Tritt der Vorsitzende einem solchen Gutachten bei, so kann er ohne Zuziehung der Mitglieder über die Berufung vorläufig entscheiden."

§ 289.

Abs. 2 lautet nunmehr nach dem Doppelpunkt:

„im Einspruchsverfahren, im Beschwerdeverfahren und im Anfechtungsverfahren das Doppelte der dort vorgeschriebenen Gebühr,

im Berufungsverfahren das Dreifache,

im Rechtsbeschwerdeverfahren das Vierfache" (§ 54 der 3. StNV.).

§ 292.

S. 2 lautet nun: „Die Abfindung beträgt mindestens eine und höchstens fünfzig Goldmark" (Art. XVI, 2. StNV.).

Neu hinzu kommt S. 3: „Der Reichsminister der Finanzen wird ermächtigt, die im Satz 2 enthaltenen Wertgrenzen zu ändern" (Art. II Steuerzinsges.).

(Noch kein Gebrauch gemacht.)

§ 295.

In Halbsatz 2 ist durch § 54 der 3. StNV. das Wort „Gebührenfreiheit" ersetzt worden durch das Wort „Kostenfreiheit".

§§ 359, 360, 361, 362, 363, 367, 369, 369 a, 373, 377.

Hierzu zu vgl. Art. VIII der 3. StNV., welcher lautet:

Artikel VIII.

Vereinfachung des Steuerstrafrechts.

§ 56.

Die Reichsabgabenordnung wird wie folgt geändert:

1. Im § 359

a) erhält der Abs. 1 folgende Fassung:

„Wer zum eigenen Vorteil oder zum Vorteil eines anderen nicht gerechtfertigte Steuervorteile erschleicht oder vorsätzlich bewirkt, daß Steuereinnahmen verkürzt werden, wird wegen Steuerhinterziehung mit Geldstrafe bestraft. Der Höchstbetrag der Geldstrafe ist unbeschränkt. Bei Zöllen und Verbrauchsabgaben ist die Geldstrafe mindestens auf das Vierfache des hinterzogenen Betrags zu bemessen, falls der Betrag der Steuerverkürzung oder des Steuervorteils festgestellt werden kann. Neben der Geldstrafe kann auf Gefängnis bis zu zwei Jahren erkannt werden."

b) wird dem Abs. 5 folgender Satz 2 hinzugefügt:

„Auf Gefängnis darf jedoch nur erkannt werden, wenn der Vorsatz der Hinterziehung festgestellt wird."

2. Im § 360 Abs. 1 wird der Satz 2 gestrichen.

3. Im § 361 wird der Abs. 2 gestrichen.

4. Der § 362 wird gestrichen.

5. Der § 363 erhält folgende Fassung:

„Wenn wegen Steuerhinterziehung auf eine Geldstrafe von mehr als fünfhundert Goldmark oder neben Geldstrafe auf Gefängnis erkannt wird, kann im Straferkenntnis (Urteil, Strafbescheid, Niederschrift über eine Unterwerfungsverhandlung) angeordnet werden, daß die Bestrafung auf Kosten des Verurteilten bekanntzumachen ist."

6. Im § 367 Abs. 1 werden die Worte:

„wird, soweit in den einzelnen Gesetzen nichts Abweichendes vorgeschrieben ist, wegen Steuergefährdung mit einer Geldstrafe bestraft, die im Höchstbetrage halb so hoch ist, wie die für die Steuerhinterziehung angedrohte Geldstrafe"

ersetzt durch die Worte:

„wird wegen Steuergefährdung mit Geldstrafe bis zu einhunderttausend Goldmark bestraft"

7. Der § 369 erhält folgende Fassung:

„(1) Wer im Inland wegen Steuerhinterziehung oder Steuerhehlerei bestraft worden ist, darauf abermals eine dieser Handlungen begangen hat und wegen derselben bestraft worden ist, wird, wenn er eine Steuerhinterziehung oder eine Steuerhehlerei begeht, mit Gefängnis bis zu fünf Jahren bestraft. Neben der Gefängnisstrafe ist auf Geldstrafe (§ 359 Abs. 1 Sätze 2, 3) zu erkennen. Sind mildernde Umstände vorhanden, so kann ausschließlich auf Geldstrafe (§ 359 Abs. 1 Sätze 2, 3) erkannt werden.

(2) Die Vorschriften des Abs. 1 finden Anwendung, auch wenn die früheren Strafen nur teilweise verbüßt oder ganz oder teilweise erlassen worden sind, bleiben jedoch ausgeschlossen, wenn seit der Verbüßung oder dem Erlasse der letzten Strafe bis zur Begehung der neuen Steuerhinterziehung oder Steuerhehlerei drei Jahre verflossen sind.

(3) Im Falle des § 359 Abs. 5 Satz 1 darf auf Gefängnis nur erkannt werden, wenn der Vorsatz der Hinterziehung festgestellt wird."

8. Hinter dem § 369 wird folgender § 369a eingefügt:

„§ 369 a.

(1) Wer Steuerzeichen in der Absicht, daß sie als echt verwendet werden, fälschlich anfertigt oder verfälscht oder wer sich in dieser Absicht falsche Steuerzeichen dieser Art verschafft, wird mit Gefängnis nicht unter drei Monaten bestraft. Ebenso wird bestraft, wer vorsätzlich falsche Steuerzeichen als echt verwendet, feilhält oder in Verkehr bringt.

(2) Wer vorsätzlich bereits verwendete Steuerzeichen als gültig wiederverwendet oder in der Absicht, daß sie als gültig wiederverwendet werden, sich verschafft, feilhält oder in Verkehr bringt, wird mit Geldstrafe bestraft. Der Höchstbetrag der Geldstrafe ist unbeschränkt. Neben der Geldstrafe kann auf Gefängnis bis zu zwei Jahren erkannt werden.

(3) Wer zum Zwecke der Fälschung von Steuerzeichen

1. Formen oder andere Gerätschaften, die zur Ausführung einer Steuerzeichenfälschung dienen können,
2. Papier, das einer zur Herstellung der Steuerzeichen bestimmten Papierart gleich oder zum verwechseln ähnlich ist,

anfertigt, sich verschafft, feilhält oder einem anderen überläßt, wird mit Gefängnis bis zu zwei Jahren und mit Geldstrafe bis zu einhunderttausend Goldmark oder mit einer dieser Strafen bestraft. Den Formen oder Gerätschaften stehen die mit solchen Formen oder Gerätschaften hergestellten Abdrucke gleich.

(4) Die falschen, wiederverwendeten oder zur Wiederverwendung bestimmten Steuerzeichen sind einzuziehen, auch wenn sie dem Täter nicht gehören. Das gleiche gilt für Formen, Gerätschaften, Abdrucke und Papier der im Abs. 3 bezeichneten Art."

9. Im § 373 werden die Worte: „bis zur Höhe des doppelten Betrags der verkürzten Beträge"

ersetzt durch die Worte: „bis zu einhunderttausend Goldmark."

10. Im § 377 Abs. 1 Satz 1 werden die Worte: „Steuerermittlung oder Steueraufsicht" ersetzt durch die Worte: „Besteuerung (einschließlich der Vorbereitung, Sicherung und Nachprüfung der Besteuerung)".

11. . . . .

§ 57.

(1) Die Bestimmungen des § 56 treten eine Woche nach ihrer Verkündung in Kraft.

(2) Gleichzeitig treten außer Kraft:

1. die Vorschriften der Steuergesetze (§§ 2, 3 der Reichsabgabenordnung) insoweit, als sie den Vorschriften der §§ 359 bis 361, §§ 363, 367, 369, 369a, 373 der Reichsabgabenordnung in der Fassung des § 56 zuwiderlaufen;
2. die Vorschriften der Steuergesetze (§§ 2, 3 der Reichsabgabenordnung) insoweit, als sie (außer dem § 359 Abs. 1 Satz 3 der Reichsabgabenordnung in der Fassung des § 56) Mindestgrenzen für die Geldstrafen setzen, die bei Steuerhinterziehung zu verhängen sind;
3. die §§ 53a bis 33f des Einkommensteuergesetzes, §§ 79 bis 82 des Kapitalverkehrsteuergesetzes, § 22 des Wechselsteuergesetzes.

(3) Unberührt bleiben jedoch bis zur Anpassung an die Reichsabgabenordnung die Strafvorschriften des Vereinszollgesetzes, des Tabaksteuergesetzes, des Weinsteuergesetzes und des Beförderungssteuer-

gesetzes (Gesetz vom 8. April 1917 — Reichsgesetzbl. S. 329).

§§ 365 Abs. 2, 371, 372, 375, 376, 377.

Wegen Änderung des Strafrahmens s. unten Ergänzungsbestimmungen zum Abschnitt „Strafrecht" (S. 33).

§ 378.

Abs. 2 S. 1 ist aufgehoben (Art. IX Ges. v. 27. April 1923, RGBl. S. 254). Die Aufhebung beruht auf § 29 Abs. 3 des Strafgesetzbuchs nunmehriger Fassung, welcher lautet:

„Im übrigen richtet sich das Maß der Ersatzstrafe nach freiem Ermessen des Gerichts."

§ 407.

Die Worte „zwanzig Mark" sind ersetzt durch die Worte „fünf Goldmark" (Art. XVI 2. StNV.).

§ 447.

Statt „1921" muß es nun heißen „1925" (Ändg. dch. RG. v. 7. Januar 1923, RGBl. I S. 55).

§ 462.

Das Wort „Verwaltungsstrafverfahren" ist ersetzt durch das Wort „Strafverfahren" (§ 54 der 3. StNV.).

---

2. Ergänzungsbestimmungen zu einzelnen Vorschriften der Reichsabgabenordnung.

Zu § 10.

Für die Auskunfterteilung unter Durchbrechung des Steuergeheimnisses hat der Reichsfinanzminister Richtlinien aufgestellt in den an die Präsidenten der Landesfinanzämter gerichteten Erlassen v. 14. Juni 1921, III 33957/20, 28. Dezember 1921, III R 37747, 10. August 1922, III R 5732 und 9. November 1923 III D 2602 (letzerer besonders wichtig). Die Erlasse regeln die Auskunftspflicht der Finanzbehörden, Frage der Auskunftsberechtigung, der Zustimmung des Steuerpflichtigen usw. Eine Veröffentlichung der Erlasse hat nicht stattgefunden.

Zu §§ 16, 26.

Bezüglich der Entschädigung der Mitglieder der Steuerausschüsse und der ehrenamtlichen Mitglieder der Finanzgerichte gilt nunmehr der Erlaß des RFM. v. 20. Februar 1924, III D 601 III A 4009 I B 3967 (vorläufig noch nicht veröffentlicht).

Zu § 103.

§ 103 hat eine Einschränkung erfahren durch § 60 der 3. StNV., welcher lautet:

§ 60.

(1) Die Steuerpflichtigen sind nicht berechtigt, mit Ansprüchen, die sich gegen eine Betriebsverwaltung (Eisenbahnverwaltung oder Postverwaltung) des Reichs richten, gegen Steueransprüche des Reichs aufzurechnen.

(2) Die Bestimmung des Abs. 1 tritt mit Wirkung vom 20. November 1923 ab in Kraft. Ist nach dem 19. November 1923, aber vor der Verkündung dieser Verordnung mit einem Anspruch, der sich gegen eine Betriebsverwaltung des Reichs richtet, aufgerechnet worden, so ist dadurch der Steueranspruch des Reichs nicht erloschen. Im Falle des Satzes 2 hat der Steuerpflichtige für die Zeit von

der Entstehung des Anspruchs, der sich gegen die Betriebsverwaltung des Reichs richtet, bis zum Inkrafttreten dieser Verordnung Zuschläge oder Zinsen nicht zu entrichten.

(3) Der Reichsminister der Finanzen bestimmt, wann und inwieweit die Bestimmung des Abs. 1 außer Kraft tritt.

Zu § 104.

Art. XVIII der 2. Steuernotverordnung lautet:

Artikel XVIII.

Zuschläge für Steuerrückstände. Steuerzinsen.

§ 1.

(1) Wird eine Zahlung, die nach dem Einkommensteuergesetz, Körperschaftssteuergesetz, Vermögensteuergesetz, Erbschaftssteuergesetz, Umsatzsteuergesetz, nach dem Gesetz über die Erhöhung der Vorauszahlungen auf die Einkommen- und Körperschaftssteuer vom $\frac{\text{9. Juli 1923}}{\text{11. August 1923,}}$ nach dem Gesetz über die Erhebung einer außerordentlichen Abgabe aus Anlaß der Ruhrbesetzung (Rhein-Ruhr-Abgabe), nach § 5 des Gesetzes zur Sicherung der Brotversorgung im Wirtschaftsjahre 1923/1924, nach der Verordnung über die Leistung von Abschlagszahlungen auf die Umsatzsteuer vom 4. August 1923, nach der Steuernotverordnung vom 7. Dezember 1923 oder nach Artikel I bis IV dieser Verordnung dem Reiche geschuldet wird, oder eine Zahlung, die nach § 2 des esetzes über Maßnahmen gegen

die wirtschaftliche Notlage der Presse zu leisten ist, nicht rechtzeitig entrichtet, so ist für jeden auf den Zeitpunkt der Fälligkeit folgenden angefangenen halben Monat ein Zuschlag in Höhe von fünf vom Hundert des Rückstandes zu zahlen. Als Zahlungen im Sinne dieser Bestimmung gelten auch die Zuschläge gemäß § 170 Abs. 2 der Reichsabgabenordnung, aber nicht Geldstrafen. Als halber Monat gilt ein Zeitraum von 15 Tagen; hat ein Monat mehr als 30 Tage, so wird der 31. Tag nicht gerechnet. Wird die Zahlung innerhalb der auf den Zeitpunkt der Fälligkeit folgenden Woche entrichtet, so wird ein Zuschlag nicht erhoben; dies gilt nicht für die Abführung der Lohnsteuerbeträge durch die Arbeitgeber.

(2) Der Zuschlag wird nur von vollen Goldmark des rückständigen Betrags und nur dann erhoben, wenn der rückständige Betrag 10 Goldmark übersteigt.

(3) Gegen die Anforderung des Zuschlags steht nur die Beschwerde offen.

(4) Soweit ein Zuschlag erhoben wird, findet eine Verzinsung der rückständigen Beträge nicht statt.

(5) Der Reichsminister der Finanzen wird ermächtigt, über die Höhe, die Berechnung und die Erhebung des Zuschlags Bestimmungen zu treffen, die von den Bestimmungen der Abs. 1 und 2 abweichen. Er kann ferner anordnen, daß die Bestimmungen dieses Paragraphen auch auf andere als die im Abs. 1 bezeichneten Steuerarten Anwendung finden.

§ 2.

Für Verzugszinsen, die auf Grund des § 104 der Reichsabgabenordnung oder auf Grund anderer Vorschriften der Reichssteuergesetze dem Reiche geschuldet werden, sowie für Zinsen, die bei Zahlungsaufschub (§ 105 Abs. 1 der Reichsabgabenordnung) oder bei Stundung (§ 105 Abs. 2 der Reichsabgabenordnung) zu entrichten sind, kann der Reichsminister der Finanzen den Zinsfuß auf mehr als fünf vom Hundert jährlich festsetzen. Übergangsbestimmungen, die bei Änderung des Zinsfußes erforderlich werden, trifft der Reichsminister der Finanzen.

Von der ihm durch vorstehenden § 2 erteilten Ermächtigung hat der Reichsfinanzminister bisher keinen Gebrauch gemacht[1]). Die Verzinsungsbestimmungen in den Verordnungen vom 3. April 1923, 20. April 1923 und 15. August 1923 (RGBl. I S. 245, 256 und 804) sind durch § 9 der AufwV. aufgehoben worden. Es gilt daher bis auf weiteres der im § 104 AO. festgelegte Zinssatz von fünf vom Hundert.

(Nunmehr überholt durch die Steuerzinsverordnung, vgl. Fußnote!)

Zu erwähnen ist noch die Entlastungsverordnung vom 19. Septembe 1922 (RGBl. I S. 773), die in ihrer nunmehrigen Fassung (vgl. RGBl. 1923, I S. 552, 917) lautet:

. . . .

§ 1.

Zinsen, die für festgesetzte Reichssteuern von

---

[1]) Nunmehr geschehen durch die während des Drucks erschienene Steuerzinsverordnung (s. unten S. 58).

Steuerpflichtigen geschuldet werden, sollen bis auf weiteres unerhoben bleiben, wenn die geschuldeten Zinsbeträge das Sechsfache der Briefgebühr nicht überschreiten. Betragen die Zinsen mehr als das Sechsfache der Briefgebühr, und wird nur ein Teilbetrag gezahlt, so ist der Restbetrag auch dann zu erheben, wenn er das Sechsfache der Briefgebühr nicht überschreitet.

Die Bestimmungen im Abs. 1 finden keine Anwendung, soweit die Zinsen im Steuerbescheid zu berechnen sind.

§ 2.

Bei Erstattungen von Reichssteuern sollen Zinsen bis auf weiteres von Amts wegen nur gezahlt werden, wenn der zu erstattende Zinsbetrag das Sechsfache der Briefgebühr überschreitet.

§ 3.

Gestrichen.

§ 4.

Diese Verordnung tritt mit ihrer Verkündung in Kraft.

Unter Briefgebühr in vorstehendem Sinne ist nach Art. II V. v. 26. September 1923 der Betrag zu verstehen, der für die Beförderung eines Briefes bis zu 20 Gramm im inländischen Fernverkehr zu entrichten ist.

Zu § 105.

Die näheren Vorschriften über das Stundungswesen, Zuständigkeit, Verfahren usw. bei Stundungen sind nunmehr enthalten in der sog. Stundungsordnung v. 29. Jan. 1923 (RGBl. I S. 75). Die Stundungsordnung ist als Ergänzungsband II zur amtlichen Textausgabe der AO. vom Reichsfinanzministerium herausgegeben.

Die StundO. hat inzwischen Änderungen erfahren durch die Verordnungen vom 17. August 1923, 26. September 1923 und 21. Dezember 1923 (RGBl. I S. 811, 917, 1238). Die Änderungen beziehen sich auf §§ 5 Abs. 4 und 41 Abs. 2. Vgl. auch Bem. zu §§ 109—119 AO.

Die Verzinsungspflicht bei Stundungen regelt die Steuerzinsverordnung (S. 58).

Zu § 107.

Das gesamte Niederschlagungswesen ist nunmehr zusammenfassend geregelt in der sog. Beitreibungsordnung (s. unten S. 33).

Zu § 107, 215, 293, Abs. 3 S. 3.

§ 15 der AufwertV. lautet:

Die Vorschrift des § 107 und die Bestimmungen, die der Reichsminister der Finanzen auf Grund des § 13 Nr. 2 dieser V. und der §§ 215, 293 Abs. 3 S. 3 AO. getroffen hat oder treffen wird, gelten, sofern nicht der Reichsminister der Finanzen ein anderes bestimmt, entsprechend für Landesabgaben und andere öffentlich rechtliche Abgaben, soweit sie gemäß § 19 AO. von Behörden der Reichsfinanzverwaltung verwaltet werden.

Zu § 108.

Von der in Abs. 1 Satz 2 enthaltenen Befugnis hat der Reichsminister der Finanzen Gebrauch gemacht zuletzt durch die

Allgemeine Verfügung zur Übertragung von Zuständigkeiten auf die Landesfinanzämter und Finanzämter.

Vom 29. November 1923.

Auf Grund von § 108 Abs. 1 Satz 2, § 443 Abs. 1

Satz 2 der Reichsabgabenordnung wird folgendes bestimmt:

§ 1.

Für die Entscheidung über Anträge, mit denen Erlaß, Anrechnung oder Erstattung von Steuern, Steuerzuschlägen oder Zinsen aus Billigkeitsgründen begehrt wird, sind die Finanzämter zuständig, wenn der Gegenstand des Antrags für die einzelne Steuerart keinen höheren Wert hat als 30 Goldmark und wenn es sich um folgende Steuerarten (oder um Zuschläge oder Zinsen, die auf folgende Steuerarten entfallen) handelt:

Wehrbeitrag,
Besitzsteuer,
Kriegssteuer 1916,
Kriegsabgabe 1918,
Kriegsabgabe 1919,
Kriegsabgabe vom Vermögenszuwachs,
Reichsnotopfer,
Kapitalertragsteuer,
Einkommensteuer,
Körperschaftssteuer,
Vermögensteuer,
Brotversorgungsabgabe,
Arbeitgeberabgabe,
Landabgabe,
Rhein-Ruhr-Abgabe (abgesehen von der Abgabe von Kraftfahrzeugen),
Zwangsanleihe.

§ 2.

(1) Die Landesfinanzämter können aus Billigkeitsgründen bewilligen:

1. Erlaß, Anrechnung oder Erstattung von Steuern, Steuerzuschlägen oder Zinsen, wenn der Gegenstand des Antrags für die einzelne Steuerart mehr als 30 Goldmark, nicht aber mehr als 300 Goldmark wert ist und wenn es sich um die im § 1 bezeichneten Steuerarten (oder um Zuschläge oder Zinsen, die auf diese Steuerarten entfallen) handelt;

2. Freigabe von Vermögen, das auf Grund des § 3 des Gesetzes über Steuernachsicht vom 3. Januar 1920 (Reichsgesetzbl. S. 45) dem Reich verfallen ist, wenn der Gegenstand des Antrags keinen höheren Wert hat als 300 Goldmark;

3. Erlaß von Geldstrafen, Ordnungsstrafen, Einziehungen, Ersatzstrafen, Kosten des Strafverfahrens, auf die durch Strafbescheid oder im Unterwerfungsverfahren erkannt worden ist;

Erlaß von Erzwingungsstrafen;

in all diesen Fällen: wenn die Strafe nicht höher ist als 300 Goldmark. Ist auf Einziehung allein erkannt worden, so sind die Landesfinanzämter ohne Rücksicht auf den Wert des einzuziehenden Gegenstandes zuständig. Ist neben einer Geldstrafe (Hauptstrafe) auf Einziehung oder auf Ersatzstrafe erkannt worden, so kommt es für die Zuständigkeit der Landesfinanzämter lediglich auf die Höhe der Hauptstrafe, nicht dagegen auf den Wert der einzuziehenden Gegenstände oder auf die Höhe der Ersatzstrafe an.

(2) Zur Ablehnung von Anträgen, mit denen Vergünstigungen der im Abs. 1 bezeichneten Arten begehrt werden, sind die Landesfinanzämter, soweit nicht durch § 1 die Zuständigkeit der Finanzämter begründet ist, ohne Rücksicht auf den Wert des Antrags und ohne Rücksicht auf die Höhe der Strafe zuständig; dies gilt für alle Steuerarten (nicht nur für die im § 1 bezeichneten) und für alle sonstigen steuerrechtlichen Geldleistungen (zum Beispiel: Steuerzuschläge, Zinsen, Kosten, Sicherungsgelder, Geldstrafen).

Zur Erläuterung dieser Verfügung erging gesonderte Verfügung v. 29. Nov. 1923 III D 2938, II st 8685. (Nicht veröffentlicht).

Hinsichtlich Erlaß und Erstattung von Umsatzsteuern gilt nach wie vor § 165a AusfBest. z. UmsStGes.

Zu §§ 109—119.

Bezüglich der Vorschriften über Sicherheitsleistung und Hinterlegung s. nunmehr die zu § 105 oben erwähnte Stundungsordnung.

Über Sicherheitsleistung durch Hinterlegung von Depotscheinen erging eine Rundverfügung sowie Richtlinien des RFM. vom 3. April 1923 (RStBl. S. 150).

Zu §§ 183, 188.

Für die Entschädigung der Auskunftspersonen und Sachverständigen gelten zufolge Erlasses des RFM. v. 2. 5. 22, III R 24799 die Entschädigungsgrundsätze der Gebührenordnung für Zeugen und Sachverständige. Eine Erwerbsversäumnis im Sinne der letzeren soll jedoch bei schriftlicher Auskunftserteilung nicht angenommen werden.

Die GebO. f. Z. u. S. ist in neuer Fassung bekannt gemacht worden, unter dem 13. März 1922 (RGBl. S. 242). Die Entschädigungssätze sind nunmehr neu geregelt durch die Verordnung v. 21. Dezember 1923 (RGBl. I S. 1239) mit Wirkung vom 15. Dezember 1923 ab. Die Neuregelung bringt folgende Änderungen (zusammengestellt im Erlaß des RFM. v. 14. Januar 1924, III D 3671):

Der Zeuge erhält eine Entschädigung für Zeitversäumnis nach Maßgabe des § 2 der Gebührenordnung im Betrage von 5 bis 75 Geldpfennig für jede angefangene Stunde. Die dem Sachverständigen nach § 3 der Gebührenordnung zustehende Vergütung beträgt höchstens 1,50 Goldmark, und im Falle einer besonders schwierigen Leistung 3 Goldmark für jede angefangene Stunde.

Die Entschädigung für Reisen, die ohne Benutzung von Transportmitteln zurückgelegt werden, beträgt 5 Goldpfennig für jedes angefangene Kilometer des Hinwegs und des Rückwegs.

Die Entschädigung für den durch Abwesenheit von dem Aufenthaltsorte verursachten Aufwand (§ 8 Abs. 1 der Gebührenordnung) soll den Satz nicht überschreiten der den Reichsbeamten der Stufe III (§ 2 Abs. 2 der Reisekostenverordnung für die Reichsbeamten, Reichsgesbl. 1921 S. 1345, 1923 I. S. 981) als Tagegeld zusteht. Die Vorschriften der genannten Verordnung, nach denen bei Reisen, die an demselben Kalendertag angetreten und beendet werden, sich das Tagegeld vermindert oder ein Tagegeld nicht gewährt wird, gelten entsprechend.

Die Tagegelder und Übernachtungsgelder bei Dienstreisen der Reichsbeamten sind zuletzt durch Verordnung vom 28. Dezember 1923 (Reichsbesoldungsblatt S. 434) festgesetzt worden.

Die dem Zeugen oder Sachverständigen zu zahlende Gesamtvergütung ist auf volle 5 Goldpfennig nach oben abzurunden.

Zu § 205 Abs. 3, 216.

Verordnung über die Kosten des Steuerermittlungsverfahrens. Vom 17. Oktober 1923.

(RGBl. I S. 981 u. RStBl. S. 389.)

Auf Grund der §§ 216, 444 Abs. 3 der Reichsabgabenordnung wird folgendes bestimmt:

§ 1.

(1) Im Steuerermittlungsverfahren (§§ 162 bis 216 der Reichsabgabenordnung) ist eine Gebühr (Ermittlungsgebühr) zu entrichten, wenn sich auf Grund der Ermittlungen ein Steuerbetrag ergibt, der den der Steuererklärung entsprechenden Steuerbetrag um mehr als ein Drittel übersteigt (§ 205 Abs. 3 der Reichsabgabenordnung).

(2) Eine Gebührenpflicht besteht nicht, wenn die Angaben, mit denen die Steuererklärung hinter dem Ermittlungsergebnisse zurückgeblieben ist, durch Schwierigkeit der Wertabschätzung oder durch sonstigen entschuldbaren Irrtum hervorgerufen worden sind (§ 205 Abs. 3 der Reichsabgabenordnung).

(3) Schuldner der Gebühr ist der Steuerschuldner. Wer für die Steuer haftet, haftet auch für die Gebühr.

§ 2.

(1) Die Gebühr beträgt zehn vom Hundert der Mehrsteuer (Abs. 3), mindestens aber eine Goldmark.

(2) Ist der Steuerfestsetzung eine Buchprüfung (§ 162 Abs. 9, §§ 163, 207 der Reichsabgabenordnung) vorausgegangen, so erhöht sich die Gebühr auf zwanzig vom Hundert der Mehrsteuer (Abs. 3), mindestens aber auf drei Goldmark.

(3) Mehrsteuer im Sinne dieser Verordnung ist der Betrag, um den die festgesetzte Steuer die der Steuererklärung entsprechende Steuer übersteigt.

§ 3.

(1) Wenn die Festsetzung der Mehrsteuer (§ 2 Abs. 3) unterbleibt, insbesondere auf Grund der gemäß § 215 der Reichsabgabenordnung erlassenen Bestimmungen, so ist auch die Gebühr nicht festzusetzen. Im übrigen soll das Finanzamt die Gebühr zusammen mit der Mehrsteuer festsetzen und anfordern.

(2) Wird der Bescheid, durch den die Mehrsteuer festgesetzt worden ist, zurückgenommen oder geändert (zum Beispiel auf Grund der §§ 76, 213 der Reichsabgabenordnung oder im Rechtsmittelverfahren), so hat das Finanzamt, sofern nicht der Steuerpflichtige von der Gebühr freizustellen ist, die Gebührenfestsetzung entsprechend zu ändern.

§ 4.

(1) In den Fällen des § 205 Abs. 3 der Reichsabgabenordnung werden Auslagen nicht erhoben.

(2) In den Fällen des § 206 Abs. 2 Satz 2 der Reichsabgabenordnung hat der Steuerpflichtige die Auslagen, die durch die Heranziehung des be-

sonderen Sachverständigen entstehen, zu tragen und auf Verlangen des Finanzamts vorzuschießen.

§ 5.

(1) Diese Verordnung tritt vierzehn Tage nach ihrer Verkündung im Reichsgesetzblatt[1]) in Kraft.

(2) Ist eine Mehrsteuer (§ 2 Abs. 3) nach dem Inkrafttreten dieser Verordnung festgesetzt worden, so ist unter den Voraussetzungen des § 1 die Ermittlungsgebühr auch dann zu entrichten, wenn die Steuererklärung vor dem Inkrafttreten dieser Verordnung abgegeben worden ist und die Ermittlungen vor dem Inkrafttreten dieser Verordnung stattgefunden haben.

Berlin, den 17. Oktober 1923.

Der Reichsminister der Finanzen.

In Vertretung:

Zapf.

Zur Erläuterung dieser Verordnung s. auch die Bemerkungen des Reichsministers der Finanzen im RStBl. 1923 S. 389.

Zu § 289 ff.

Durch Art. III der Verordnung zur Entlastung der Gerichte und über die Gerichtskosten v. 13. Dez. 1923 (RGBl. I S. 1186) sind mit Wirkung vom 1. Januar 1924 ab folgende Änderungen getroffen:

1. Die Mindestgebühr (§ 7 Abs. 1) beträgt 0,50 Goldmark, Pfennigbeträge (§ 7 Abs. 2) sind auf volle 10 Goldpfennig aufzurunden.

---

1) Vierzehnter Tag nach Ablauf des Ausgabetags: 3. November 1923.

2. Die volle Gebühr in bürgerlichen Rechtsstreitigkeiten (§ 8) beträgt bei Gegenständen im Werte bis zu 20 Goldmark einschließlich 1 Goldmark, von mehr als 20 bis zu 60 Goldmark einschließlich 2 Goldmark.

Bei Gegenständen mit höherem Streitwert beträgt die volle Gebühr von dem auf die nächsthöheren 100 Goldmark aufgerundeten Werte bis zu 1000 Goldmark einschließlich 3 v. H., von dem Mehrbetrage bis zu 5000 Goldmark einschließlich 2 v. H., von dem Mehrbetrag 1 v. H.

8. Die im § 71 Abs. 4 bestimmte Schreibgebühr wird auf 0,10 Goldmark festgesetzt.

(Gebührenberechnungstafel von Amtmann Sperling beim Reichsfinanzhof s. RStBl. 1924 S. 41.)

Zu beachten sind weiterhin bezüglich des Kostenwesens Art. XVI §§ 4 und 5 der 2. StNV. welche lauten:

§ 4.

(1) Sind im Besteuerungsverfahren oder im Steuerstrafverfahren bare Auslagen entstanden, die nicht in Goldmark bemessen sind, so sind die Beträge, soweit sie erhoben werden, in Goldmark umzurechnen. Dies gilt nicht für Beträge, die vor dem 1. September 1923 verauslagt worden sind.

(2) Sind Auslagen in Rentenmark bemessen, so ist, sofern nicht der Reichsminister der Finanzen ein anderes bestimmt, bei der Umrechnung (Abs. 1) eine Rentenmark gleich einer Goldmark zu rechnen. Auslagen, die in Papiermark bemessen sind, werden mit Hilfe des Umrechnungssatzes, der für den Tag der Verauslagung gilt, in Goldmark umgerechnet.

§ 5.

(1) Soweit in Steuergesetzen (§§ 2, 3 der Reichsabgabenordnung) auf Vorschriften des Gerichts-

kostengesetzes verwiesen ist, die durch spätere Gesetze oder Verordnungen abgeändert worden sind oder abgeändert werden, erstrecken sich die Verweisungen auch auf die entsprechenden Änderungen. Die Änderungen finden im Besteuerungsverfahren und im Steuerstrafverfahren hinsichtlich solcher Gebühren Anwendung, die nach dem Inkrafttreten der Änderungen fällig geworden sind oder fällig werden.

(2) Von dem Inkrafttreten der Vorschriften ab, durch die die Gebührensätze des Gerichtskostengesetzes auf Goldmark umgestellt werden, ist bei Rechtsmitteln, die im Besteuerungsverfahren eingelegt worden sind, der Wert des Streitgegenstandes, soweit erforderlich, in Goldmark festzustellen. Im übrigen finden die Vorschriften des § 243 der Reichsabgabenordnung Anwendung.

Zu § 293.

Zu Abs. 3 erging die Verordnung über die Kostenniederschlagung im Rechtsmittelverfahren nach der Reichsabgabenordnung vom 19. April 1923. Sie lautet unter Berücksichtigung der durch V. v. 21. Dezember 1923 eingetretenen Änderungen:

Verordnung über die Kostenniederschlagung im Rechtsmittelverfahren nach der Reichsabgabenordnung.

Vom 19. April 1923.

Auf Grund von § 293 Abs. 3 Satz 3, § 444 Abs. 3 der Reichsabgabenordnung wird folgendes bestimmt:

§ 1.

Im Rechtsmittelverfahren nach der Reichsabgabenordnung kann die Festsetzung der Kosten, die ein Steuerpflichtiger oder eine der im § 286 Abs. 4 der Reichsabgabenordnung bezeichneten Privatpersonen zu tragen hat, unterbleiben:

1. wenn die Summe der von einem Schuldner einzuziehenden Kosten den Betrag von einer Goldmark voraussichtlich nicht überschreitet;
2. wenn die Einziehung der Kosten nach Lage der Sache unbillig wäre.

§ 2.

(1) Soll die Festsetzung der Kosten unterbleiben, so ist dies von Fall zu Fall von dem Vorsitzenden der Rechtsmittelbehörde schriftlich zu verfügen. In den Fällen des § 1 Nr. 2 ist die Verfügung kurz zu begründen.

(2) Der Vorsteher des Finanzamts bedarf zu einer Verfügung, die er auf Grund des § 1 Nr. 2 erläßt, der vorherigen Genehmigung des Landesfinanzamts, wenn der Kostenbetrag, dessen Festsetzung unterbleiben soll, voraussichtlich höher ist als dreißig Goldmark.

(3) Verfügungen, die auf Grund des § 1 ergehen, brauchen dem Kostenschuldner nicht bekanntgegeben zu werden.

(4) Die Verfügung (Abs. 1 Satz 1) ist zu den Akten der Rechtsmittelbehörde zu nehmen. Die Geschäftsstelle der Rechtsmittelbehörde soll in das Schreiben, mit dem sie die Akten der im Rechtsmittelzug nachgeordneten Behörde zurücksendet, einen Vermerk über die Verfügung aufnehmen.

§ 3.

Ist die Verfügung, durch die die Geschäftsstelle die Kosten des Rechtsmittelverfahrens festgesetzt hat, dem Kostenschuldner bekanntgegeben worden, so finden die Vorschriften und Bestimmungen, die für die Niederschlagung und den Erlaß von Steuern gelten, auf die festgesetzten Kosten entsprechende Anwendung.

§ 4.

Der § 7 der Kleinbetragsverordnung vom 3. Oktober 1922 (Reichsgesetzbl. I S. 760), 28. Februar 1923 (Reichsgesetzbl. I S. 162) wird insoweit aufgehoben, als er die Auslagen des Rechtsmittelverfahrens betrifft.

§ 5.

(1) Diese Verordnung tritt mit dem Tage in Kraft, der auf ihre Verkündung im Reichsgesetzblatt folgt.

(2) Vor dem Inkrafttreten dieser Verordnung erlassene Verfügungen, die den Bestimmungen dieser Verordnung entsprechen, sind rechtswirksam, auch wenn sie mit den Vorschriften und Bestimmungen, die vor dem Inkrafttreten dieser Verordnung galten, nicht im Einklang stehen.

Berlin, den 19. April 1923.

Der Reichsminister der Finanzen.
In Vertretung
Zapf.

Zu § 315.

Die Regelung der Kosten des Mahn- und Zwangsverfahrens ist nunmehr enthalten in der Verordnung v. 21. April 1923

(RGBl. I S. 259). Änderungen hierzu enthält Art. XVI § 2 der 2. StNV.

Zum Abschnitt „Beitreibung".

Das Beitreibungswesen (Zuständigkeit, Voraussetzungen, Verfahren usw.) ist nunmehr zusammenfassend geregelt in der sog. Beitreibungsordnung v. 23. Juni 1923 (RMinBl. S. 595), in Kraft seit 1. Januar 1924. Die Beitreibungsordnung ist als Ergänzungsband III zur amtlichen Textausgabe der AO. vom Reichsfinanzministerium herausgegeben.

Hierzu erging die Verordnung zur Einführung der Beitreibungsverordnung v. 5. Juli 1923, nebst Änderungen durch Verordnung v. 21. Dez. 1923 (RGBl. I S. 1238).

Zum Abschnitt „Strafrecht".

Das Strafensystem der AO. hat einschneidende Änderungen erfahren durch die auf Grund des Ermächtigungsgesetzes vom 8. Dezember 1923 ergangene Verordnung vom 6. Februar 1924 (RGBl. I S. 44). Diese enthält in Art. I eine Anzahl von Änderungen des Strafgesetzbuchs und berührt damit mittelbar zufolge dem Grundsatze des § 355 AO. auch die Strafbestimmungen der AO. Hervorzuheben ist namentlich folgendes.

Die Steuerzuwiderhandlungen der AO. fallen nunmehr sämtlich unter den Begriff des Vergehens i. S. des Strafgesetzbuchs. Die Mindestgeldstrafe beträgt durchweg 3 Goldmark, die Höchststrafe, soweit nicht in den einzelnen Bestimmungen höhere oder überhaupt keine Grenzen bestimmt sind (vgl. die oben S. 10 abgedruckten Neuerungen des Art. VIII der 3. StNV.), 10000 Goldmark. Unter den Strafrahmen von 3—10000 Mark fallen demnach nunmehr die Bestimmungen der §§ 365 Abs. 2, 371, 372, 375, 376 AO. Es fällt hierunter (nicht etwa unter Art. II oder III der Vdg. vom 6. Februar 1924) auch die sog. Ordnungsstrafe des § 377 AO., da diese trotz ihrer Bezeichnung eine Kriminalstrafe darstellt (vgl. auch Erl. des RFM. vom 19. Dezember 1923 III D 3523). Wenn ein Vergehen auf Gewinnsucht beruht, so kann die Geldstrafe auf 100000 Goldmark erhöht werden.

Art. I der V. vom 6. Februar 1924 enthält weiterhin Grundsätze über Strafzumessung, Strafumwandlung, Strafvollstreckung, Verjährung.

Art. V, VI, VII geben Vorschriften über Festsetzung, Umrechnung, Zahlung und Beitreibung von Geldstrafen.

Die Verordnung vom 6. Februar 1924 ist am 1. März 1924 in Kraft getreten. Die Bestimmungen, welche den bisherigen Rechtszustand wiedergeben, sind in den einleitenden Sätzen sowie in Art. XIV der Verordnung aufgeführt.

Die Verordnung vom 6. Februar 1924 hat, soweit sie für die AO. von Bedeutung ist, folgenden Wortlaut:

Verordnung über Vermögensstrafen und Bußen.

Vom 6. Februar 1924.

Auf Grund des Ermächtigungsgesetzes vom 8. Dezember 1923 (Reichsgesetzbl. I S. 1179) verordnet die Reichsregierung nach Anhörung eines Ausschusses des Reichsrats und des Reichstags:

Die Vorschriften des Gesetzes zur Erweiterung des Anwendungsgebiets der Geldstrafe und zur Einschränkung der kurzen Freiheitsstrafen vom 21. Dezember 1921, des Geldstrafengesetzes vom 27. April 1923, des Gesetzes über Vermögensstrafen und Bußen vom 13. Oktober 1923 und der Verordnung auf Grund des Gesetzes über Vermögensstrafen und Bußen vom 23. November 1923 (Reichsgesetzbl. 1921 S. 1604; 1923 I S. 254, 943, 1117) werden durch folgende Vorschriften ersetzt:

Artikel I.

§ 1 Abs. 2, 3, §§ 27 bis 29, § 70 Abs. 1 und § 78 des Strafgesetzbuchs lauten:

§ 1 Abs. 2 und 3.

Eine mit Festungshaft bis zu fünf Jahren, mit Gefängnis oder mit Geldstrafe von mehr als einhundertfünfzig Goldmark oder mit Geldstrafe schlechthin bedrohte Handlung ist ein Vergehen.

Eine mit Haft oder Geldstrafe bis zu einhundertfünfzig Goldmark bedrohte Handlung ist eine Übertretung.

§ 27.

Die Geldstrafe ist in Goldmark festzusetzen.

Sie beträgt:

1. bei Verbrechen und Vergehen, soweit nicht höhere Beträge oder Geldstrafe in unbeschränkter Höhe angedroht sind oder werden, mindestens drei Goldmark und höchstens zehntausend Goldmark;
2. bei Übertretungen mindestens eine Goldmark, soweit nicht ein höherer Mindestbetrag angedroht ist oder wird, und höchstens einhundertfünfzig Goldmark.

Die Vorschriften des Abs. 2 über Höchstbeträge gelten nicht, soweit die angedrohte Strafe in dem Mehrfachen, dem Einfachen oder dem Bruchteil eines bestimmten Betrags besteht. Ist dieser nicht auf Goldmark gestellt, so ist er für die Festsetzung der Geldstrafe in Goldmark umzurechnen [1]).

§ 27a.

Bei einem Verbrechen oder Vergehen, das auf Gewinnsucht beruht, kann die Geldstrafe auf ein-

---

[1]) Maßgebend hierfür ist Art XV der 2. StNV.

hunderttausend Goldmark erhöht und auf eine solche Geldstrafe neben Freiheitsstrafe auch in denjenigen Fällen erkannt werden, in denen das Gesetz eine Geldstrafe nicht androht.

§ 27 b.

Ist für ein Vergehen oder eine Übertretung, für die an sich eine Geldstrafe überhaupt nicht oder nur neben Freiheitsstrafe zulässig ist, Freiheitsstrafe von weniger als drei Monaten verwirkt, so ist an Stelle der Freiheitsstrafe auf Geldstrafe (§§ 27, 27a) zu erkennen, wenn der Strafzweck durch eine Geldstrafe erreicht werden kann.

Die Vorschriften des Militärstrafgesetzbuchs bleiben unberührt.

§ 27 c.

Bei der Bemessung einer Geldstrafe sind die wirtschaftlichen Verhältnisse des Täters zu berücksichtigen.

Die Geldstrafe soll das Entgelt, das der Täter für die Tat empfangen, und den Gewinn, den er aus der Tat gezogen hat, übersteigen.

Reicht das gesetzliche Höchstmaß hierzu nicht aus, so darf es überschritten werden.

§ 28.

Ist dem Verurteilten nach seinen wirtschaftlichen Verhältnissen nicht zuzumuten, daß er die Geldstrafe sofort zahlt, so hat ihm das Gericht eine Frist zu bewilligen oder ihm zu gestatten, die Strafe in bestimmten Teilbeträgen zu zahlen.

Das Gericht kann diese Vergünstigung auch nach dem Urteil bewilligen. Es kann seine Entschließungen nachträglich ändern. Leistet der Verurteilte die Teilzahlungen nicht rechtzeitig, oder bessern sich seine wirtschaftlichen Verhältnisse wesentlich, so kann das Gericht die Vergünstigung widerrufen.

Auf die nach Abs. 2 zu treffenden Entscheidungen findet § 494 der Strafprozeßordnung Anwendung.

§ 28a.

Soweit die Geldstrafe nicht gezahlt wird, ist sie beizutreiben.

Der Versuch, die Geldstrafe beizutreiben, kann unterbleiben, wenn mit Sicherheit vorauszusehen ist, daß sie aus dem beweglichen Vermögen des Verurteilten nicht beigetrieben werden kann.

§ 28b.

Die Vollstreckungsbehörde kann dem Verurteilten gestatten, eine uneinbringliche Geldstrafe durch freie Arbeit zu tilgen.

Das Nähere regelt die Reichsregierung mit Zustimmung des Reichsrats. Soweit dies nicht geschieht, sind die obersten Landesbehörden ermächtigt, das Nähere zu regeln.

§ 29.

An die Stelle einer uneinbringlichen Geldstrafe tritt bei Verbrechen und Vergehen Gefängnis oder, wenn neben der Geldstrafe auf Zuchthaus erkannt wird, Zuchthaus, bei Übertretungen Haft. Auch bei Vergehen kann die Geldstrafe in Haft umgewandelt werden, wenn Geldstrafe allein oder an erster Stelle oder wahlweise neben Haft angedroht ist.

Die Dauer der Ersatzstrafe ist mindestens ein Tag und bei Gefängnis und Zuchthaus höchstens ein Jahr, bei Haft höchstens sechs Wochen. Ist neben der Geldstrafe wahlweise Freiheitsstrafe von geringerer Höhe angedroht, so darf die Ersatzstrafe deren Höchstmaß nicht übersteigen. Die Ersatzstrafe darf nur nach vollen Tagen bemessen werden.

Im übrigen richtet sich das Maß der Ersatzstrafe nach freiem Ermessen des Gerichtes.

In den Fällen des § 27b ist Ersatzstrafe die verwirkte Freiheitsstrafe.

Der Verurteilte kann die Vollstreckung der Ersatzstrafe jederzeit dadurch abwenden, daß er den noch zu zahlenden Betrag der Geldstrafe entrichtet.

Kann die Geldstrafe ohne Verschulden des Verurteilten nicht eingebracht werden, so kann das Gericht anordnen, daß die Vollstreckung der Ersatzstrafe unterbleibt. § 494 der Strafprozeßordnung findet Anwendung.

§ 70 Abs. 1.

Die Vollstreckung rechtskräftig erkannter Strafen verjährt, wenn

1. auf Tod oder auf lebenslängliches Zuchthaus oder auf lebenslängliche Festungshaft erkannt ist, in dreißig Jahren;
2. auf Zuchthaus oder Festungshaft von mehr als zehn Jahren erkannt ist, in zwanzig Jahren;
3. auf Zuchthaus bis zu zehn Jahren oder auf Festungshaft von fünf bis zu zehn Jahren oder Gefängnis von mehr als fünf Jahren erkannt ist, in fünfzehn Jahren;

4. auf Festungshaft oder Gefängnis von zwei bis zu fünf Jahren erkannt ist, in zehn Jahren;
5. auf Festungshaft oder Gefängnis bis zu zwei Jahren oder auf Geldstrafe von mehr als einhundertfünfzig Goldmark erkannt ist, in fünf Jahren;
6. auf Haft oder auf Geldstrafe bis zu einhundertfünfzig Goldmark erkannt ist, in zwei Jahren.

§ 78.

Sind mehrere Geldstrafen verwirkt, so ist auf jede gesondert zu erkennen.

Das gleiche gilt von den Freiheitsstrafen, die an die Stelle uneinbringlicher Geldstrafen treten. Ihre Gesamtdauer darf zwei Jahre nicht übersteigen; die Gesamtdauer mehrerer zusammentreffender Haftstrafen darf drei Monate nicht übersteigen.

Artikel II.

Geldstrafen, die nicht bei Verbrechen, Vergehen oder Übertretungen angedroht sind oder werden, insbesondere Zwangsstrafen und Ordnungsstrafen, sind in Goldmark festzusetzen.

Die Geldstrafe beträgt, soweit nicht höhere Beträge oder Geldstrafe in unbeschränkter Höhe angedroht sind oder werden, mindestens eine Goldmark und höchstens eintausend Goldmark.

Die Vorschrift des Abs. 2 über Höchstbeträge gilt nicht, soweit die angedrohte Strafe in dem Mehrfachen, dem Einfachen oder dem Bruchteil eines bestimmten Betrages besteht. Ist dieser nicht auf

Goldmark gestellt, so ist er für die Festsetzung der Geldstrafe in Goldmark umzurechnen.

Soweit an die Stelle einer uneinbringlichen Geldstrafe eine Ersatzfreiheitsstrafe zu treten hat, darf die Geldstrafe nur in Haft von höchstens sechs Wochen umgewandelt werden; ist neben der Geldstrafe wahlweise Freiheitsstrafe von weniger als sechs Wochen angedroht, so darf die Ersatzstrafe deren Höchstmaß nicht übersteigen. Die Ersatzstrafe darf nur nach vollen Tagen bemessen werden. Im übrigen richtet sich ihr Maß nach freiem Ermessen der Behörde, die sie festsetzt.

Artikel III.

Ist oder wird eine Behörde, ein Beamter, eine Körperschaft oder deren Vorstand ermächtigt, Geldstrafen (§ 27 des Strafgesetzbuchs, Artikel II dieser Verordnung) anzudrohen oder festzusetzen, so beträgt die zulässige Geldstrafe, soweit nicht eine Ermächtigung zur Androhung oder Festsetzung höherer Beträge oder von Geldstrafe in unbeschränkter Höhe besteht oder erteilt wird,

1. bei Geldstrafen der im § 27 des Strafgesetzbuches bezeichneten Art für Vergehen mindestens drei Goldmark und höchstens zehntausend Goldmark, für Übertretungen mindestens eine Goldmark und höchstens einhundertfünfzig Goldmark;
2. bei Geldstrafen der im Artikel II bezeichneten Art mindestens eine Goldmark und höchstens eintausend Goldmark.

Die Vorschriften des Abs. 1 über Höchstbeträge gelten nicht, wenn die anzudrohende oder festzusetzende Strafe in dem Mehrfachen, dem Einfachen oder dem Bruchteil eines bestimmten Betrags besteht. Artikel II Abs. 3 Satz 2 gilt entsprechend.

Artikel IV.

Bei einer an den Verletzten zu zahlenden Buße beträgt der Mindestbetrag drei Goldmark, der Höchstbetrag zehntausend Goldmark.

Artikel V.

Der in Goldmark festgesetzte Betrag einer Vermögensstrafe oder Buße ist in Reichswährung nach dem für den Tag der Zahlung oder Beitreibung maßgebenden Goldumrechnungssatz umzurechnen, den der Reichsminister der Finanzen auf Grund des § 2 Abs. 3 der Aufwertungsverordnung vom 11./18. Oktober 1923 (Reichsgesetzbl. I S. 939, 979) festgesetzt und fortlaufend veröffentlicht.

Die Zahlung kann auch in anderen als den gesetzlichen Zahlungsmitteln geleistet werden, soweit sie an den öffentlichen Kassen anzunehmen sind; den Umrechnungssatz bestimmt der Reichsminister der Finanzen. Maßgebend ist der für den Tag der Zahlung oder Beitreibung geltende Umrechnungssatz.

Vermögensstrafen im Sinne dieser Verordnung sind alle Geldstrafen (§ 27 des Strafgesetzbuchs, Artikel II, III dieser Verordnung) und solche Geldbeträge, die mit Rücksicht auf eine begangene strafbare Handlung eingezogen, für verfallen erklärt oder sonst auferlegt werden.

Artikel VI.

Bei Vermögensstrafen und Bußen gilt als Tag der Zahlung:

1. bei Zahlung durch Postscheck oder Postüberweisung der Tag, der sich aus dem Tagesstempel des Postscheckamts auf dem dem Zahlungsempfänger ausgehändigten Abschnitt ergibt;
2. bei sonstiger Übermittlung der Zahlung durch die Post der aus dem Tagesstempel der Aufgabepostanstalt ersichtliche Tag der Einzahlung oder Einlieferung.

Im übrigen gilt als Tag der Zahlung der Tag des Zahlungseingangs.

Artikel VII.

Vermögensstrafen (Artikel V Abs. 3) und Bußen, die vor dem 8. Dezember 1923 in Reichswährung festgesetzt worden und noch nicht gezahlt sind, werden von der Vollstreckungsbehörde in Goldmark umgerechnet.

Die Umrechnung erfolgt in der Weise, daß zunächst der erkannte Betrag nach Maßgabe des Artikel IV des Gesetzes über Vermögensstrafen und Bußen vom 13. Oktober 1923 (Reichsgesetzbl. I S. 943) unter Zugrundelegung einer abgerundeten Reichsindexzahl von 1000 Milliarden umgewertet und sodann der umgewertete Betrag auf der Grundlage eine Billion Reichsmark gleich eine Goldmark in Goldmark umgerechnet wird. Soweit eine Umwertung des erkannten Betrags nach Artikel IV des genannten Gesetzes nicht zu erfolgen hat, wird der erkannte Betrag auf dieser Grundlage unmittelbar in Goldmark umgerechnet.

Der Betrag wird auf volle Goldmark nach unten abgerundet. Vermögensstrafen und Bußen, die auch nach der Umrechnung weniger als eine Goldmark betragen, werden niedergeschlagen.

Die Vorschriften der Abs. 1, 2 gelten entsprechend für Gerichtsgebühren bei Verurteilung zu einer Geldstrafe (§ 49 des Gerichtskostengesetzes vom 21. Dezember 1922, Reichsgesetzbl. 1923 I S. 12). Der Betrag wird auf volle fünfzig Goldpfennig nach unten abgerundet. Gebühren, die auch nach der Umrechnung weniger als fünfzig Goldpfennig betragen, werden niedergeschlagen.

Artikel VIII.

Die Vorschriften der Artikel I bis VII gelten für das gesamte Reichs- und Landesrecht.

Hinsichtlich der landesrechtlichen Geldstrafen, Ermächtigungen und Bußen kann durch das Landesrecht Abweichendes bestimmt werden.

. . . .

Artikel XIV.

Diese Verordnung tritt eine Woche nach der Verkündung in Kraft[1]).

---

[1]) Vgl. S. 34.

Außer den im Eingang der Verordnung genannten Gesetzen und der Verordnung vom 23. November 1923 sind aufgehoben:

1. die Vorschriften des Reichs- und Landesrechts, durch die für die Umwandlung einer uneinbringlichen Geldstrafe ein bestimmter Geldbetrag einem Tage Freiheitsstrafe gleichgesetzt wird;
2. die Festsetzungen von Mindestbeträgen und Höchstbeträgen der Geldstrafe bei Verbrechen und Vergehen sowie von Mindestbeträgen bei Übertretungen, soweit sie nicht im § 27 des Strafgesetzbuches aufrechterhalten sind;
3. die Festsetzungen von Mindest- und Höchstbeträgen der Geldstrafen, die nicht bei Verbrechen, Vergehen und Übertretungen angedroht sind, insbesondere der Zwangsstrafen und Ordnungsstrafen, soweit sie nicht im Artikel II Abs. 3 dieser Verordnung aufrechterhalten sind;
4. die Festsetzungen von Mindestbeträgen und Höchstbeträgen der Geldstrafen, die eine Behörde, ein Beamter, eine Körperschaft oder deren Vorstand anzudrohen oder festzusetzen ermächtigt ist, soweit sie nicht im Artikel III Abs. 2 dieser Verordnung aufrechterhalten sind;
5. die Festsetzungen von Mindest- und Höchstbeträgen der an den Verletzten zu zahlenden Bußen.

Bei Übertretungen in reichs- und landesrechtlichen Vorschriften ist der bisherige Höchstbetrag der Geldstrafe durch den Betrag von einhundertfünfzig Goldmark ersetzt.

Die durch Artikel I bis IV, VIII, XIII und Abs. 3 dieses Artikels bestimmten Strafrahmen gelten auch bei Taten, die vor dem Inkrafttreten dieser Verordnung begangen sind.

Berlin, den 6. Februar 1924.

Der Reichskanzler.
Marx.
Der Reichsminister der Justiz.
Emminger.

Zu § 419.

Das Gerichtskostengesetz ist in seiner neuen Fassung bekanntgemacht durch Bek. v. 21. Dez. 1922 (RGBl. 1923 I S. 12). Die Gebührensätze im Strafverfahren sind nunmehr auf Goldmark umgestellt durch Art. III Nr. 7—9 der Verordnung v. 13. Dez. 1923 (RGBl. I S. 1186).

Zu beachten sind ferner bezüglich des Kostenwesens Art. XVI §§ 4 und 5 der 2. StNV (abgedruckt oben zu §§ 289 ff.), sowie Art. VII Abs. 4 V. v. 6. Februar 1924 (s. oben S. 42).

Zu § 443.

S. die oben zu § 108 abgedruckte allgemeine Verfügung v. 29. Nov. 1923.

Zu § 444.

S. die oben zu §§ 205, 216 abgedruckten Vorschriften.

---

3. Abrundungsverordnung.

Vom 31. Oktober 1923,
unter Berücksichtigung der Abänderungen durch die Verordnung vom 21. Dezember 1923 (RGBl. I S. 1238).

Auf Grund des § 13 Nr. 2 der Verordnung über

Steueraufwertung und Vereinfachungen im Besteuerungsverfahren vom $\frac{\text{11. Oktober 1923 (Reichsgesetzbl. I S. 939)}}{\text{18. Oktober 1923 (Reichsgesetzbl. I S. 979)}}$ wird folgendes bestimmt:

§ 1.

Geldleistungen, die auf Grund von Steuergesetzen (§ 3 der Reichsabgabenordnung) geschuldet werden (insbesondere auch Zinsen, Kosten, Geldstrafen), sind folgendermaßen abzurunden:

1. Beträge, die in Gold ausgedrückt sind, werden auf den nächsten durch fünf teilbaren Goldpfennigbetrag nach unten abgerundet.
2. Beträge, die in Papiermark ausgedrückt sind, werden auf den nächsten durch zehn Milliarden teilbaren Papiermarkbetrag nach unten abgerundet.

§ 2.

Der Abrundung gemäß § 1 unterliegen:

1. Wenn Steuern in Teilbeträgen angefordert werden: die einzelnen Teilbeträge.
2. Wenn Steuern und Steuerzuschläge in einer Summe zum Soll gestellt werden: der aus den Steuern und Steuerzuschlägen errechnete Gesamtbetrag.
3. Bei der Beförderungssteuer (Gesetz über die Besteuerung des Personen- und Güterverkehrs vom 8. April 1917 — Reichsgesetzbl. S. 329 —):

der Gesamtbetrag, den der Betriebsunternehmer zu entrichten hat.

4. Bei der Gesellschaftssteuer auf Mehrstimmrechtsaktien und Mehrstimmrechtsanteile (§ 15 des Kapitalverkehrsteuergesetzes) sowie bei der Bezugsrechtsteuer (§ 61 des Kapitalverkehrsteuergesetzes): der Gesamtbetrag, den die Gesellschaft zu entrichten hat.

5. Bei den Gebühren: der Gesamtbetrag der Gebühren, der von einem Schuldner zu entrichten ist. Die im Rechtsmittelverfahren zu erhebenden Auslagen, einschließlich der im § 292 der Reichsabgabenordnung bezeichneten Abfindung, werden wie Gebühren behandelt.

§ 3.

(1) Die Finanzbehörde, die eine Steuer oder eine andere steuerrechtliche Geldleistung feststellt, hat bei der Feststellung die Abrundung vorzunehmen.

(2) Wer eine Steuer oder eine andere steuerrechtliche Geldleistung, die nicht von einer Finanzbehörde festgestellt ist, zu entrichten hat, ist berechtigt, die Abrundung nach Maßgabe dieser Verordnung vorzunehmen.

(3) Die Rechtsmittelbehörden haben ihren Entscheidungen die Abrundungsbestimmungen zugrunde zu legen, die zur Zeit der Feststellung der Steuern oder der sonstigen steuerrechtlichen Geldleistungen maßgebend sind.

§ 4.

Durch die Bestimmungen dieser Verordnung werden nicht berührt:

1. die Gesetzesvorschriften und die Verordnungsbestimmungen über die Abrundung der Beträge, die der Berechnung der Steuern und der sonstigen steuerrechtlichen Geldleistungen zugrunde zu legen sind;
2. die Gesetzesvorschriften und die Verordnungsbestimmungen, die eine Abrundung von Steuerbeträgen und von Beträgen sonstiger steuerrechtlicher Geldleistungen nach oben anordnen.

§ 5.

(1) Diese Verordnung tritt eine Woche nach ihrer Verkündung im Reichsgesetzblatt in Kraft.

(2) Gleichzeitig treten außer Kraft:

1. die Vorschriften der Steuergesetze und die Bestimmungen der auf Grund von Steuergesetzen erlassenen Verordnungen, soweit sie den Bestimmungen dieser Verordnung zuwiderlaufen;
2. die Abrundungsverordnung vom 31. März 1923 in der Fassung der Verordnungen vom 9. August 1923 und 4. Oktober 1923 (Reichsgesetzbl. I S. 247, 795, 942).

Berlin, den 31. Oktober 1923.

Der Reichsminister der Finanzen.
Im Auftrage: Popitz.

4. Kleinbetragsverordnung.

Vom 3. Oktober 1922 (RGBl. I S. 760)[1].

Die Bestimmungen der Kleinbetragsverordnung sind teilweise hinfällig geworden (soweit sie Niederschlagung, Erlaß usw. betreffen), teilweise sind sie abgeändert durch die Verordnungen vom 6. Januar 1923, 28. Februar 1923, 19. April 1923 (RGBl. I S. 63, 162, 259). Die noch in Betracht kommenden Bestimmungen lauten nunmehr folgendermaßen:

. . . .

§ 4.

Nachforderungen von Steuern und Berichtigungen von Steuerfestsetzungen (§ 215 AO.) können vorbehaltlich der Bestimmung des § 6 unterbleiben, wenn der Betrag, der nachzufordern oder zu erstatten ist, das Sechsfache des Briefportos[2]) voraussichtlich nicht überschreitet. Wenn auf Grund von Nachforderungen oder Berichtigungen mehrere Beträge von demselben Steuerpflichtigen (§ 79 AO.) gleichzeitig eingezogen werden können, so sind die Beträge zusammenzurechnen. Entsprechendes gilt für Beträge, die zu erstatten sind.

§ 5.

Die Festsetzung von Steuern kann nach näherer Anordnung des Landesfinanzamts unterbleiben, wenn der einzuziehende Betrag das Sechsfache

---

[1]) Für die Umsatzsteuer gilt § 166 Abs. 1 AusfBest. z. UStG. (Kleinbetragsgrenze z. Zt. 5 Goldmark).

[2]) Briefporto ist nach Art. II V. vom 28. Februar 1923 die Gebühr für einen Brief unter 20 Gramm im inländischen Fernverkehr.

des Briefportos voraussichtlich nicht überschreitet und die Kosten der Festsetzung und Einziehung außer Verhältnis zu dem einzuziehenden Betrage stehen.

§ 2 Satz 2 findet entsprechende Anwendung.

§ 6.

Erstattungen unterbleiben, wenn der zu erstattende Betrag das Sechsfache des Briefportos voraussichtlich nicht überschreitet und die Erstattung nicht beantragt wird. Als Antrag im Sinne dieser Bestimmung ist auch der Antrag auf Berichtigung einer Steuerfestsetzung oder die Einlegung eines Rechtsmittels anzusehen.

§ 4 Satz 2, 3 findet entsprechende Anwendung.

§ 7[1]).

Sind Gebühren nicht zu erheben oder wird für die Zurücknahme eines Rechtsmittels oder für eine abweisende Entscheidung Gebührenfreiheit gemäß § 295 Halbsatz 2 der Reichsabgabenordnung gewährt, so kann die Festsetzung oder Einziehung der Auslagen unterbleiben, wenn der einzuziehende Betrag das Sechsfache des Briefportos voraussichtlich nicht überschreitet.

§ 8.

(Enthält die Ermächtigung des RFM. zur Abänderung der Beträge).

---

[1]) Aufgehoben durch § 4 V. vom 19. April 1923, soweit er die Auslagen des Rechtsmittelverfahrens betrifft.

§ 9.

(Hebt entgegenstehende steuergesetzliche Bestimmungen auf, desgleichen den § 8 Abs. 1 EinfV. zur AO. sowie § 7 Abs. 2 EinfV., soweit er die Niederschlagung betrifft).

---

5. Art. VII der dritten Steuernotverordnung.

(Vgl. Vorbemerkung zu diesem Nachtrag).

Artikel VII.

Vereinfachung der Steuerrechtspflege.

§ 45.

Für die Steuern vom Einkommen und vom Vermögen bedarf es der Mitwirkung der im § 25 der Reichsabgabenordnung vorgesehenen Ausschüsse nicht:

1. wenn ein vorläufiger Steuerbescheid erlassen wird;
2. wenn ein Steuerbescheid erlassen wird, der sich auf die Anforderung von Steuervorauszahlungen beschränkt;
3. wenn auf Grund des § 76 Abs. 1 Nr. 2 der Reichsabgabenordnung ein Steuerbescheid zurückgenommen oder geändert wird;
4. wenn im Falle des § 97 der Reichsabgabenordnung eine Nachveranlagung oder eine Neuveranlagung vorgenommen wird;
5. wenn über Erstattungsansprüche, die auf Rechtsgründe gestützt werden, entschieden wird;
6. wenn über Erinnerungen der im § 288 Abs. 3 Satz 3 und im § 293 Abs. 1 Satz 2 der Reichsabgabenordnung bezeichneten Art entschieden wird.

§ 46.

(1) Zu den Sitzungen der bei den Finanzämtern gebildeten Ausschüsse (§ 25 der Reichsabgabenordnung) werden jeweils zwei gewählte Mitglieder und ein ernanntes Mitglied geladen.

(2) Das Finanzamt bestimmt für das ganze Jahr im voraus, in welcher Reihenfolge die gewählten Ausschußmitglieder zu den Sitzungen herangezogen werden. Ist ein gewähltes Ausschußmitglied verhindert, an einer Sitzung teilzunehmen, so ist sein Vertreter (§ 9 der Verordnung vom 25. Mai 1920 — Reichsgesetzbl. S. 1118 —) heranzuziehen; ist auch der Vertreter verhindert, so wird das nächstfolgende Ausschußmitglied (Satz 1) herangezogen. Geht die Anzeige von der Verhinderung so spät ein, daß eine Einberufung nach den vorstehenden Grundsätzen nicht mehr möglich ist, oder bleibt ein Mitglied ohne Anzeige aus, so ist ein leicht erreichbares Mitglied heranzuziehen.

(3) Der Ausschuß ist beschlußfähig, wenn außer dem Vorsitzenden mindestens zwei Mitglieder anwesend sind (§ 30 Abs. 1 Satz 1 der Reichsabgabenordnung).

§ 47.

Über die Berufung entscheidet:

1. wenn es sich um Steuern vom Einkommen oder vom Vermögen (einschließlich der Erbschaftssteuer) oder um Umsatzsteuer handelt: das Finanzgericht; die Befugnis des Vorsitzenden des Finanzgerichts, nach näherer Bestimmung des § 251 der Reichsabgabenordnung über die

Berufung vorläufig zu entscheiden, bleibt unberührt;

2. wenn es sich nicht um die in Nr. 1 bezeichneten Steuern handelt: der Vorsitzende des Finanzgerichts.

§ 48.

(1) Bei Berufungen, deren Beschwerdegegenstand keinen höheren Wert hat als 50 Goldmark, kann die Rechtsmittelbehörde (§ 47), ohne daß es einer weiteren Aufklärung des Sachverhalts oder einer Stellungnahme zu Rechtsfragen bedarf, nach freiem Ermessen entscheiden. Zur Begründung einer solchen Entscheidung genügt der Hinweis, daß auf Grund dieser Verordnung nach freiem Ermessen entschieden worden ist.

(2) Die Bestimmungen des Abs. 1 finden keine Anwendung, wenn die Einspruchsentscheidung zuungunsten des Steuerpflichtigen abgeändert wird.

(3) Der Reichsminister der Finanzen kann die im Abs. 1 Satz 1 bestimmte Wertgrenze ändern.

§ 49.

Über Beschwerden, die sich gegen die Anordnung von Arresten richten (§ 351 Abs. 1 Satz 4, § 352 Satz 4 der Reichsabgabenordnung), kann der Vorsitzende des Finanzgerichts vorläufig entscheiden. Für das Verfahren, das im Falle der vorläufigen Entscheidung anzuwenden ist, gelten die Vorschriften des § 251 der Reichsabgabenordnung entsprechend

§ 50.

Hat im Besteuerungsverfahren ein Beteiligter aus

Mutwillen oder in der Absicht, die Finanzbehörden irrezuführen, ein Rechtsmittel eingelegt, so kann die Rechtsmittelbehörde die im § 289 Abs. 2 der Reichsabgabenordnung vorgesehenen Gebühren bis auf das Doppelte erhöhen.

§ 51.

(1) Ist Einspruch, Berufung, Anfechtung oder Rechtsbeschwerde eingelegt worden, so kann der Vorsitzende der Rechtsmittelbehörde verfügen, daß der Beschwerdeführer an die Kasse der Finanzbehörde, die für die Erhebung der Rechtsmittelkosten zuständig ist, einen Kostenvorschuß zu zahlen hat. In der Verfügung ist der zu zahlende Kostenvorschuß in Goldmark so hoch festzusetzen, daß die Kosten, die im Falle der Zurückweisung des Rechtsmittels dem Beschwerdeführer zur Last fallen, voraussichtlich aus dem Kostenvorschuß gedeckt werden können. In der Verfügung ist ferner eine Frist zu bestimmen, innerhalb deren der Nachweis, daß der Vorschuß gezahlt worden ist, dem Vorsitzenden der Rechtsmittelbehörde zu erbringen ist[1]). Gegen die Verfügung ist ein Rechtsmittel oder ein sonstiger Rechtsbehelf nicht gegeben.

(2) Liegen die Voraussetzungen des § 50 vor, so ist das Rechtsmittel als unzulässig zu verwerfen, wenn der Nachweis, daß der Kostenvorschuß gezahlt worden ist, nicht rechtzeitig erbracht wird. Die Vor-

---

[1]) Eine Beitreibung des Vorschusses dürfte ebensowenig in Frage kommen wie bei den Vorschüssen im Zivilprozeß.

schriften der §§ 68, 69, 236 Abs. 2 der Reichsabgabenordnung finden entsprechende Anwendung.

(3) Werden die Kosten des Rechtsmittelverfahrens nicht dem Beschwerdeführer auferlegt, oder geht der Kostenvorschuß über den Betrag hinaus, den der Beschwerdeführer als Kosten des Rechtsmittelverfahrens zu zahlen hat, so ist ihm der zuviel gezahlte Goldmarkbetrag, ohne daß es eines Antrags bedarf, zu erstatten. Eine Verzinsung findet nicht statt.

§ 52.

(1) Wird ein Rechtsmittel zurückgenommen, so wird über die Kosten des Rechtsmittelverfahrens nicht besonders entschieden. Die Kosten sind, wenn der Vorsteher des Finanzamts das Rechtsmittel eingelegt hatte, vom Reiche, in allen anderen Fällen von der Person zu tragen, in deren Namen das Rechtsmittel eingelegt worden war.

(2) Für das zurückgenommene Rechtsmittel wird der Wert des Streitgegenstandes, soweit erforderlich, von dem Vorsitzenden der Behörde festgestellt, gegen deren Entscheidung das Rechtsmittel gerichtet war.

(3) In geeigneten Fällen kann der Vorsitzende der Behörde, gegen deren Entscheidung das Rechtsmittel gerichtet war, die Gebühren für das Verfahren über das zurückgenommene Rechtsmittel bis auf die Hälfte ermäßigen; er kann auch Kostenfreiheit gewähren, wenn die Einlegung des Rechtsmittels auf entschuldbarer Unkenntnis der Verhältnisse oder auf Unwissenheit beruht. Der Behörde, die zur Entscheidung über das zurückgenommene Rechtsmittel

berufen war, stehen die im Satz 1 bezeichneten Befugnisse nicht zu.

(4) Gegen Verfügungen, durch die der Wert des Streitgegenstandes festgestellt wird (Abs. 2) oder eine Vergünstigung der im Abs. 3 Satz 1 bezeichneten Art versagt wird, ist ein Rechtsmittel oder ein sonstiger Rechtsbehelf nicht gegeben.

(5) Verfügungen, durch die der Wert des Streitgegenstandes festgestellt wird (Abs. 2), brauchen dem Schuldner nicht besonders bekannt gegeben zu werden; jedoch ist in dem Kostenfestsetzungsbescheide die Wertfestsetzung hervorzuheben. Entsprechendes gilt, wenn Vergünstigungen der im Abs. 3 Satz 1 bezeichneten Arten gewährt werden, oder wenn ein Antrag, mit dem der Kostenschuldner derartige Vergünstigungen nachsucht, abgelehnt wird.

§ 53.

(1) Die Kosten des Rechtsmittelverfahrens und die einem Beteiligten zu erstattenden Auslagen werden festgesetzt:

1. in den Fällen des § 52 Abs. 1 Satz 1: von der Geschäftsstelle der Behörde, gegen deren Entscheidung das Rechtsmittel gerichtet war;
2. im übrigen: von der Geschäftsstelle der Behörde, die über die Kostenpflicht zuerst entschieden hat[1]).

Zur Entscheidung über Erinnerungen (§ 288 Abs. 3 Satz 3, § 293 Abs. 1 Satz 2 der Reichsabgabenordnung) ist die im Satz 1 bezeichnete Behörde zu-

[1]) Betrifft nur den Fall des § 243 Abs. 2 AO.

ständig. Über Erinnerungen gegen Entscheidungen, die die Geschäftsstellen der Finanzgerichte über die Höhe der Kosten des Rechtsmittelverfahrens oder über die Erstattung der einem Beteiligten erwachsenen Auslagen getroffen haben, entscheidet der Vorsitzende des Finanzgerichts endgültig.

(2) Der Reichsminister der Finanzen kann anordnen, daß die Kosten des Rechtsmittelverfahrens und die den Beteiligten zu erstattenden Auslagen von der Geschäftsstelle der Behörde, die in erster Instanz entschieden hat, festgesetzt werden. Er kann die zur Durchführung einer solchen Anordnung erforderlichen Bestimmungen treffen.

(3) Die Kosten des Rechtsmittelverfahrens werden grundsätzlich von der Behörde, die in erster Instanz entschieden hat, erhoben. Hat jedoch in erster Instanz ein Landesfinanzamt oder ein Finanzgericht entschieden, so werden die Kosten von der Kasse des Finanzamts erhoben, von dem der Kostenschuldner zu besteuern ist.

(4) Wird die Entscheidung über die Kosten des Rechtsmittelverfahrens oder über den Wert des Streitgegenstandes von einer Behörde getroffen, die nicht über das Rechtsmittel entschieden hat (Beispiel: § 243 Abs. 2 Satz 1 der Reichsabgabenordnung), so ist eine Mitteilung der Entscheidung an die Rechtsmittelbehörde nicht erforderlich.

§ 54.

. . . .

§ 55.

(1) Die Bestimmungen dieses Artikels treten eine Woche nach ihrer Verkündung in Kraft.

(2) Die Bestimmungen der §§ 45 bis 53 treten für die Zeit ihrer Geltung an die Stelle der entsprechenden Vorschriften der Reichsabgabenordnung.

(3) Der Reichsminister der Finanzen bestimmt, wann und inwieweit die Bestimmungen der §§ 45 bis 53 außer Kraft treten. Sie müssen außer Kraft gesetzt werden, wenn der Reichstag es verlangt.

(Tag der Verkündung der Verordnung ist der 14. Februar 1924.)

---

6. Steuerzinsverordnung.

Vom 6. März 1924 (RGBl. I S. 170).

Auf Grund des Artikel XVIII § 2 der Zweiten Steuernotverordnung vom 19. Dezember 1923 (Reichsgesetzbl. I S. 1205) wird folgendes bestimmt:

§ 1.

Für Verzugszinsen [1]), die auf Grund des § 104 der Reichsabgabenordnung oder auf Grund anderer Vorschriften der Reichssteuergesetze dem Reich geschuldet werden, beträgt der Zinsfuß bis auf weiteres achtzehn vom Hundert jährlich.

§ 2.

Soweit bei Zahlungsaufschub (§ 105 Abs. 1 der Reichsabgabenordnung) Zinsen zu entrichten sind,

---

[1]) Hinsichtlich der Zuschläge gilt § 11 des Art. XVIII der 2. StNV., insbes. Abs. 4 (s. oben S. 18).

beträgt der Zinsfuß bis auf weiteres zwölf vom Hundert jährlich.

§ 3.

(1) Die Finanzbehörde, die zur Bewilligung von Stundung (§ 105 Abs. 2 der Reichsabgabenordnung) zuständig ist, bestimmt, wenn sie nicht zinslose Stundung gewährt, bei Bewilligung der Stundung den Zinsfuß, zu dem der gestundete Betrag zu verzinsen ist.

(2) Der Zinsfuß beträgt bis auf weiteres mindestens fünf vom Hundert und höchstens zwölf vom Hundert jährlich. Wie hoch innerhalb dieses Rahmens der Zinsfuß zu bemessen ist, richtet sich nach der allgemeinen wirtschaftlichen Lage und den besonderen Umständen des einzelnen Falles.

(3) In der Verfügung, durch die Stundung gegen Verzinsung bewilligt wird, ist, wenn nicht der Zinsfuß auf zwölf vom Hundert jährlich bestimmt wird, die Heraufsetzung des Zinsfußes für die Zukunft vorzubehalten.

§ 4.

Die Zinssätze, die sich aus den Bestimmungen der §§ 1 bis 3 ergeben, treten für die Geltungsdauer dieser Verordnung an die Stelle der Zinssätze, die im § 104 Abs. 1 Satz 1 der Reichsabgabenordnung, im § 4 Abs. 1 der Stundungsordnung vom 29. Januar 1923 (Reichsgesetzbl. I S. 75) und in anderen Vorschriften der Steuergesetze (§§ 2, 3 der Reichsabgabenordnung) für Verzugszinsen, Aufschubzinsen und Stundungszinsen bestimmt sind.

§ 5.

(1) Diese Verordnung tritt mit dem 1. April 1924 in Kraft.

(2) Für die Zeit vom 1. April 1924 ab findet die Bestimmung des § 1 auch auf solche Beträge Anwendung, die vor dem 1. April 1924 fällig geworden sind.

(3) Steuerbeträge, die ein Steuerpflichtiger vor dem 1. April 1924 auf die Aufschubsumme (§ 8 Abs. 1 der Stundungsordnung) hat anschreiben lassen, sind, wenn nicht der Steuerpflichtige von der Verzinsung befreit ist, nach dem bisher geltenden Zinsfuß auch insoweit zu verzinsen, als die Aufschubfrist in die Zeit nach dem 1. April 1924 fällt.

(4) Ist vor dem 1. April 1924 durch Gesetz oder durch Verfügung einer Finanzbehörde Stundung zu einem Zinsfuß von weniger als zwölf vom Hundert jährlich bewilligt worden, so kann das Finanzamt (Hauptzollamt) für die Zeit vom 1. April 1924 ab den Zinsfuß bis auf zwölf vom Hundert jährlich heraufsetzen. Die Bestimmungen des § 3 Abs. 2, 3 finden entsprechende Anwendung.

Berlin, den 6. März 1924.

Der Reichsminister der Finanzen.
Dr. Luther.

Gedruckt bei A. W. Hayn's Erben, Potsdam.

FSC
www.fsc.org
MIX
Papier | Fördert
gute Waldnutzung
FSC® C083411

Kolibri 360 GmbH
Ferdinand-Jühlke-Straße 7
99095 Erfurt, Deutschland
produktsicherheit@kolibri360.de